JN274938

わたしは馬ガール

女子が楽しむオシャレな競馬 A to Z

Beginner's Guide Book of Horse Racing

はじめに

あなたもオシャレな馬ガールに

　今、競馬はオシャレな人気スポーツとして、男性ばかりでなく、多くの女性ファンを増やしています。

　もともと乗馬や競馬はヨーロッパの上流階級のたしなみとして誕生したスポーツです。競馬場はセレブたちの社交場でした。ファッションにも敏感な彼らのことですから、馬具ばかりでなく服装や持ち物などにもファッションセンスを競ってきました。そこから世界のファッションブランドもいくつか誕生しました。

　そして、競走馬。人間の創り出した最高の芸術といわれるサラブレッドはだれもがうっとりするような美しい馬です。その美しい馬たちが、時速60〜70kmの猛スピードでコースを駆け抜ける躍動感は迫力満点。まさに競馬がキング・オブ・スポーツといわれてきたことが実感できます。

　小誌は、競走馬や競馬にちょっと興味はあるものの、馬の文化や競馬のことがよくわからないというビギナーの女性のためのガイドブックです。絵本のように楽しくわかりやすい内容にしました。あなたもステキな「馬ガール」になってみてはいかがでしょう。

主な登場人物

カメラガール（25歳）
雑貨屋の販売員として働くイノセントガール。
趣味はもちろんカメラ。
いつもカメラを首にぶら下げ競馬場で
彼女独自の切り口の風変わりな写真を
バンバン撮り、それをTwitterやFacebookで
発表し、その反応を見るのが何よりの楽しみ。
我が道を行くタイプで、いつも2人から
不思議ちゃん扱いされているが気付いていない。
"馬写真アーティスト"として活躍しているつもり。

ウマガール（28歳）
広告代理店で働くキャリアウーマン。
自分ではかなりオシャレでイケてる女だと思い込んでいるが
実はポケポジションで、失敗して恥をかくことを数知れず。
とにかく馬フェチ、馬を見ると興奮して襲いかかってしまう。
男性も馬に例えたカテゴリー分けしているらしい。
見た目より、中身は純粋で馬思いな女の子。

グルメガール（30歳）
雑誌編集者で超グルメ、
賢実なるギャンブラー。
美味しいもの、競馬、
男が大好きなセクシー姉さん。
競馬やグルメ情報だけでなく、
色々な知識がハイレベルで、
歩くWikipediaと呼ばれている。
面倒見が良く、馬ガールの暴走を
クールになだめるポジション。

わたしは馬ガール 女子が楽しむオシャレな競馬 A to Z

I. 競馬のことを知りたい
1. 馬に乗ることは英国をはじめヨーロッパの王侯貴族のたしなみでした……13
2. 蹄鉄 (Horseshoe) は幸運のお守り……15
3. 馬から生まれた世界の一流ファッションブランド……17
4. 競馬はキング・オブ・スポーツといわれてきました……19
5. サラブレッドは最高の芸術……21
6. 競馬は血統のレース……23
7. 競走馬のことを知りましょう……25
8. 日本の近代競馬のはじまり 横浜に日本初の近代競馬場……27
9. レースはどこでやっているの？……29
10. Lillyコラム─① 馬事公苑（用賀）……30

II. 競馬場へ行こう
1. 競馬場は1日楽しめるドリームパーク「スポーツ＆アミューズメントが楽しめます」……37
2. 競馬場を楽しむポイント ① 観戦「セレブな気分で指定席、ライブ感楽しむ一般席」……39
3. 競馬場を楽しむポイント ②パドック「パドックは出走馬のお披露目の場所」……41
4. 競馬場を楽しむポイント ③パドック「イケメン騎手もチェック」……43
5. 競馬場を楽しむポイント ④アミューズメント「競馬場を目一杯楽しもう」……45
6. Lilly コラム─② 東京競馬場 ……46

Beginner's Guide Book of Horse Racing

Ⅲ. さあ、走る夢を体験してみよう（ルールが分かれば楽しさ倍増）

1. レースを楽しむポイント①競馬ってどんなスポーツなの？……57
2. レースを楽しむポイント②レースの種類 ……59
3. レースを楽しむポイント③予想をたてる～オッズ ……61
4. レースを楽しむポイント④予想をたてる～馬柱 ……63
5. レースを楽しむポイント⑤予想をたてる～パドック ……65
6. レースを楽しむポイント⑥馬券の買い方
   「馬券は馬番号と枠番号で購入します」……67
7. レースを楽しむポイント⑦ 馬券の種類 A-馬を1頭選ぶ……69
8. 馬券の種類 B- 馬を2頭選ぶ ……71
9. 馬券の種類 C- 馬を3頭選ぶ ……73
10. 馬券の種類 D- 枠番号で選ぶ ……75
11. レースを楽しむポイント⑧ レース観戦で熱くなる ……77

Ⅳ. まだまだあるよ、競馬の楽しみ方

1. Lilly コラム―③ 旅ケイバ ……80
2. Lilly コラム―④ グルメケイバ ……82
3. Lilly コラム―⑤ 写真ケイバ ……84
4. Lilly コラム―⑥ 女子会ケイバ ……86
5. Lilly コラム―⑦ ファッション・ケイバ ……88
6. 競走馬のふるさと北海道・牧場への旅 ……90

Ⅰ.競馬のことを知りたい

オーホッホッ
私の馬は
世界一ざます!

ところで、どうやって
降りればいいかしら?

・・・・・

競馬のことを知りたい

1. 馬に乗ることは英国をはじめヨーロッパの王侯貴族のたしなみでした

　古くから馬は労働や運搬手段、娯楽の源として家畜のなかでもっとも大切にされてきました。馬は人に従順でかしこく、力持ち、背中に人を乗せて速く遠くまで移動できたからです。ただ、馬はとても高価なものですから東西を問わず王侯貴族などの上流階級しか所有することができませんでした。

　中世のヨーロッパでは、王侯貴族というのは自分の広大な領地に暮らしていました。領地を見回るときなどの移動は主に馬を使っていましたから、乗馬は王侯貴族のたしなみだったのです。しかも彼らにとって、馬は今でいえば高級なスポーツカーのようなものでしたから、自慢もしたくなります。おのずと自分の馬がどれだけ速く走れるか、どれだけ美しいかなどを競うようになったのです。それが競馬の始まりです。日本でも平安時代の貴族たちが競馬（きそいうま）といって、馬を競走させて自慢し合ったという記録が残っています。

魔除けのパワーで
あんたが家に入れ
なくなったりして…。

蹄鉄さま
お金をたくさん持った
ダーリンが ここに
来てくれますように★

競馬のことを知りたい

2. 蹄鉄（Horseshoe）は幸運のお守り

　大切な馬の脚を保護するために、今から2500〜2600年ほど前に「蹄鉄」は生まれました。蹄鉄は馬の蹄を守るだけでなく、身体全体を保護する役割を担っています。いわば馬の生命線ともいえる蹄鉄ですが、その大切さのためか、とくにヨーロッパでは「お守り」や「魔除け」のアイテムとしても信奉され、伝承も多く残っています。

　たとえば、悪魔が鍛冶屋にやってきて悪戯をしようとしましたが、つくっていた蹄鉄のなかに封じ込めて難を逃れることができたので、それ以来、人々はドアに蹄鉄を飾って魔除けにしたという伝承があります。また、蹄鉄は移動の距離によって取り替えなければなりませんので、旅人は旅の途中で民家を訪ねて蹄鉄を買うことがありました。そこで蹄鉄を売りたい家ではドアに蹄鉄を飾るようになりました。そこから蹄鉄を飾るとお金が入る、幸福になるという伝承が生まれました。他にも「馬はけっして人を踏まない」という噂から、蹄鉄をクルマに取り付けることが流行ったこともあります。

　このように幸運のお守りとして信じられてきた蹄鉄ですが、呼び込んだ福を逃さずためることを願って、かならずU型で飾ることが定番になっています。

私もケイバから
インスピレーションを
うけたブランドを
立ち上げるわ！

競馬のことを知りたい

3. 馬から生まれた世界の一流ファッションブランド

　乗馬や競馬はヨーロッパの上流階級のたしなみとして生まれたスポーツです。上流階級の人たちはファッションにも敏感でした。それは馬具ばかりでなく服装からバッグなどの持ち物にも気を遣い、ファッションセンスを競い合っていました。そのような関係上、現在世界の一流ファッションブランドのなかには馬に関わりの深いブランドがいくつかあります。

　そのひとつがエルメス。馬具工房として創業したエルメス社は、馬具の技術をもとに鞄や財布などの皮革製品で成功しました。現在でも商品には馬具工房に由来する四輪馬車のロゴが描かれています。

　革製品の専門店からはじまったグッチも当時の上流階級に欠かせなかった乗馬の世界からインスパイアされた皮革製品が人気を博し、一流ブランドになりました。

　その他にも、世界でもっとも美しいといわれるフランスのロンシャン競馬場から名をとったロンシャンなど、世界には馬と関わりの深いファッションブランドがいくつもあります。

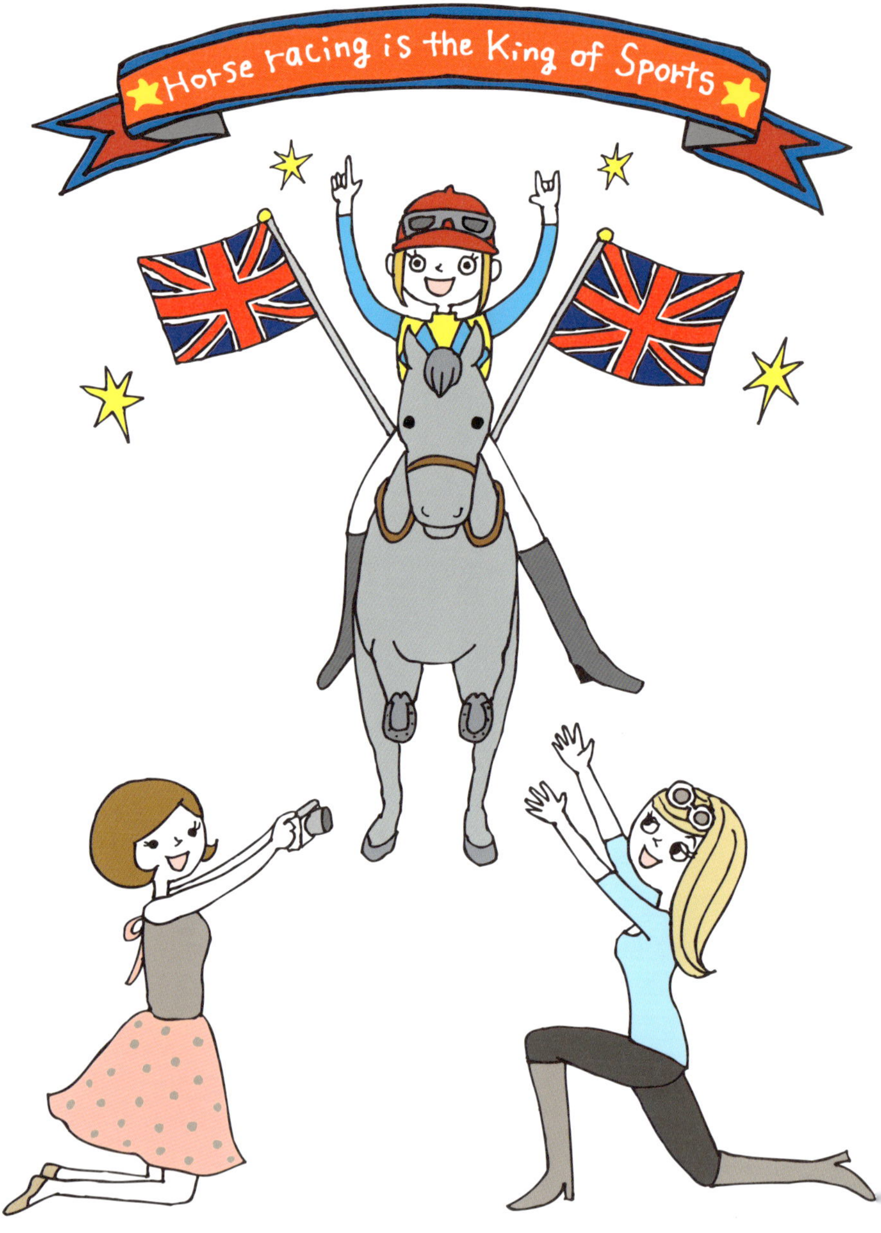
Horse racing is the King of Sports

競馬のことを知りたい

4. 競馬はキング・オブ・スポーツ といわれてきました

　1752年にイギリスでジョッキークラブ（Jokey Club）という競馬事業の統括組織ができると、ルールが統一され、競馬場で競走するようになりました。競馬はそれまで広大な田園の領地で、娯楽のひとつとして楽しまれてきた馬自慢のおもむきのものでしたが、競馬場というせまい馬場のなかでわずか数分のうちに勝負を決するスポーツに転換しました。近代競馬の始まりです。

　競馬は王侯貴族をはじめとする上流階級に愛されました。それは競馬というスポーツそのもののほかに、競馬場が社交場となったからでした。イギリスでは、歴代の国王の多くが競馬の庇護者・愛好家・推進者で、とくに現在のエリザベス女王が熱心な競馬ファンで、ご自身が馬主であることは有名です。「競馬はキング・オブ・スポーツ」といわれる理由のひとつでしょう。

「アラブのイケメンと金髪ナイスバディなブリティッシュガールのカップルの子供が美しくないわけないわ！」

「こういうサラブレッドカップルを見ると自分がロバに思えてきます。」

競馬のことを知りたい

5. サラブレッドは最高の芸術

　18世紀の初頭、英国のブリテン島の持久力にすぐれた在来種の牝馬に、アラブ馬やハンター馬など軽量で足の速い東方種の牡馬を交配して競技用に品種改良した品種の馬がサラブレッドです。

　サラブレッドは、これまでの競走馬以上に耐久力と瞬発力をあわせ持った快速性にすぐれた馬で、しかも均整のとれた美しい馬体を持っていました。

　そのころ、人々が競走馬に求めはじめたのが持久力より瞬発力・快足性に変化していたこともあり、サラブレッドはまさに理想の競走馬だったのです。

　サラブレッドという馬は thorough（完璧な）＋bred（品種・系統）ということから名付けらたことからも分かるように、「人間が創りあげた最高の芸術」といわれています。

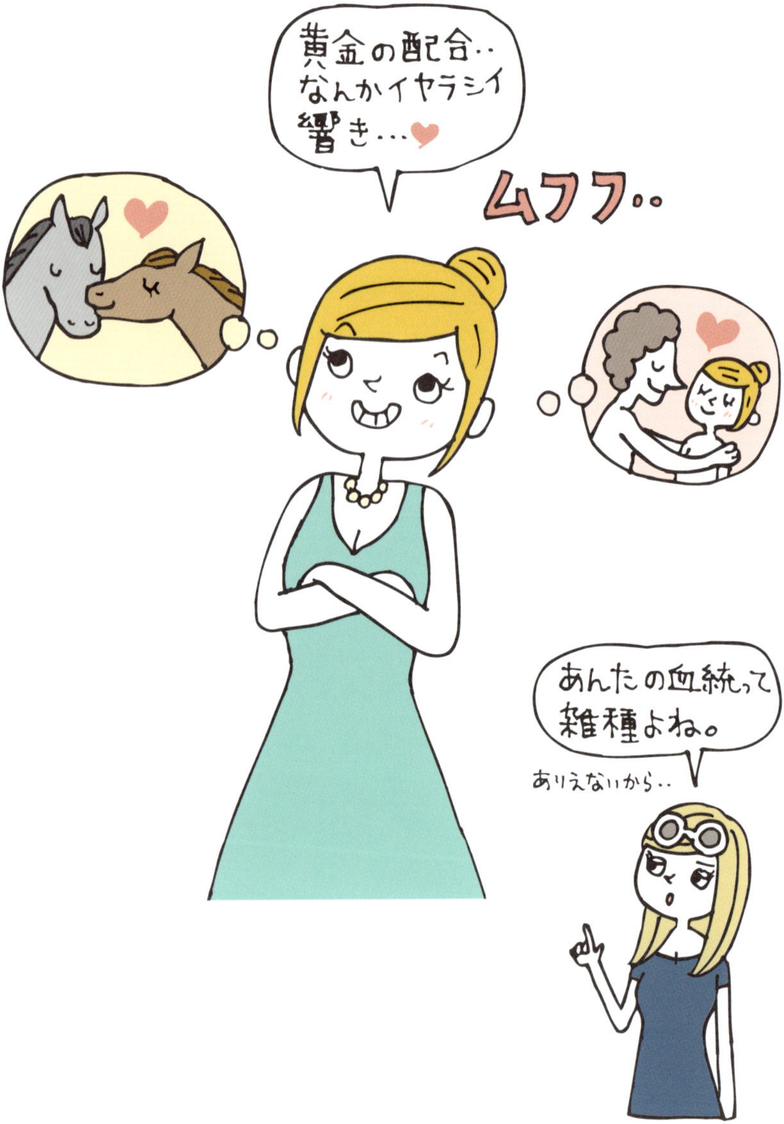
黄金の配合‥
なんかイヤラシイ
響き…
ムフフ‥
あんたの血統って
雑種よね。
ありえないから‥

競馬のことを知りたい

6. 競馬は血統のレース

　競馬は血統が7割、調教師1割、騎手1割、あとの1割は時の運といわれるほど、血統の力がとても重要なスポーツです。したがって、サラブレッドは誕生したときから血統を定めた本「スタッドブック」に記され、祖先をたどることができるようになっています。

　馬生家たちはこの血統をうまく組み合わせて＜いかに勝負に強い馬を誕生させるか＞ということに努力してきました。強い馬を誕生させるために「黄金の配合」とか「18.75の奇跡」とよばれるものがあります。母系の三代前と父系の四代前に同一の馬がいると、名馬が生まれる可能性が高いといわれているのです（その逆もあり）。

　＜18.75＞とは、三代前の血量が1/8＝12.5％、四代前の血量が1/16＝6.25％で、合わせると18.75％になるからです（ちなみに親の血量は1/2＝50％になります）。まさしく、競馬は血統のレースといえるでしょう。

　現在のサラブレッドの父系をたどれば、＜バイアリー・ターク＞＜ゴドルフィン・アラビアン＞＜ダーレー・アラビアン＞という3頭の馬に行き着きます。この3頭をサラブレッド三大始祖と呼んでいます。

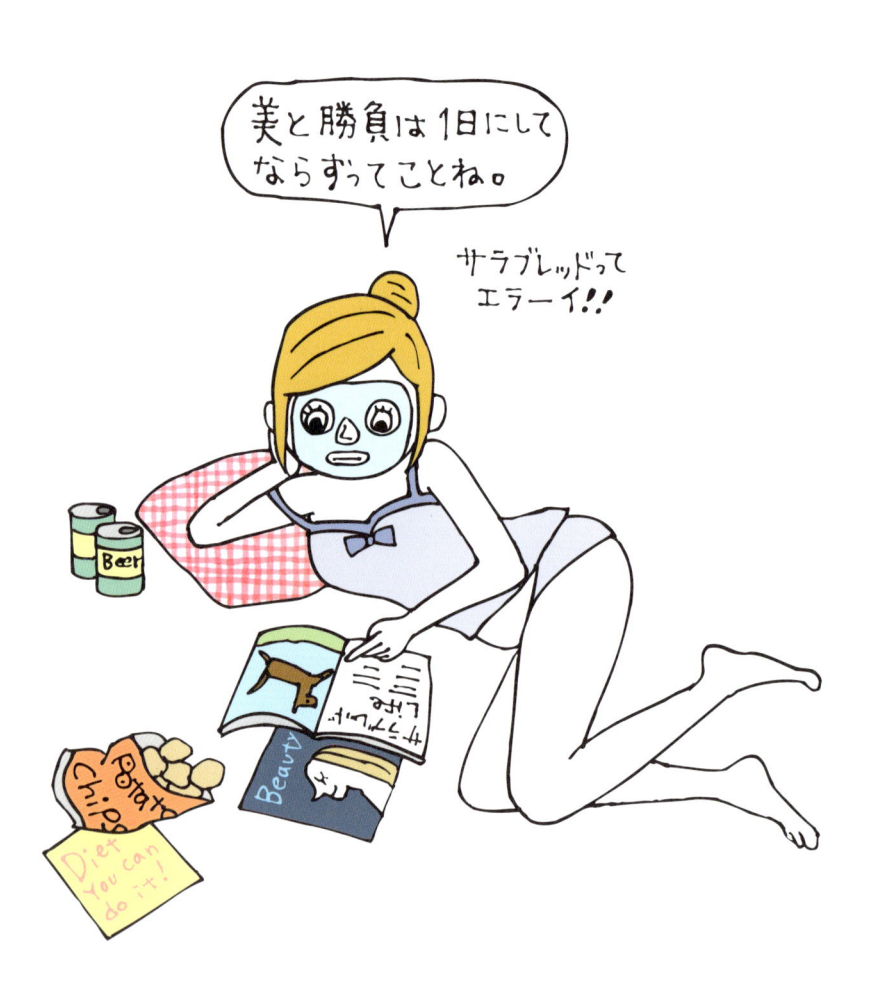

美と勝負は1日にして
ならずってことね。

サラブレッドって
エラーイ!!

競馬のことを知りたい

7. 競走馬のことを知りましょう

　サラブレッドの仔馬は、春から初夏にかけて牧場で生まれます。馬の妊娠は約11ヶ月で、仔馬は生まれてから約1時間で立ち上がります。サラブレッドの年齢は、誕生日にかかわらず翌年の1月1日を迎えると1歳、その翌年の1月1日から2歳です。生後6ヶ月ぐらいで母馬から離乳し、未来の競走馬としての訓練がはじまります。基礎体力をつけるための放牧にはじまり、馬具に慣れさせる訓練から徐々に人を背に乗せる調教に移って行きます。

　牧場で競走馬としての基礎を終えると、大規模な調教施設のトレーニング・センターに移ります。ここに入厩した馬たちは調教師に管理され、デビューに向かって本格的な調教を積み、2歳でデビューします（新馬戦は2歳の6月ごろからはじまります）。

　それから馬の脚質や距離適性にあわせてレースに出場します。競馬は性別に分けて走る限定レースもありますが、基本的には牡馬と牝馬が一緒に走って勝負する実力の世界です。牝馬の多くは引退すると繁殖牝馬、良血馬や成績の優秀な牡馬は種牡馬となり、牧場でのんびりとした生活が始まります。

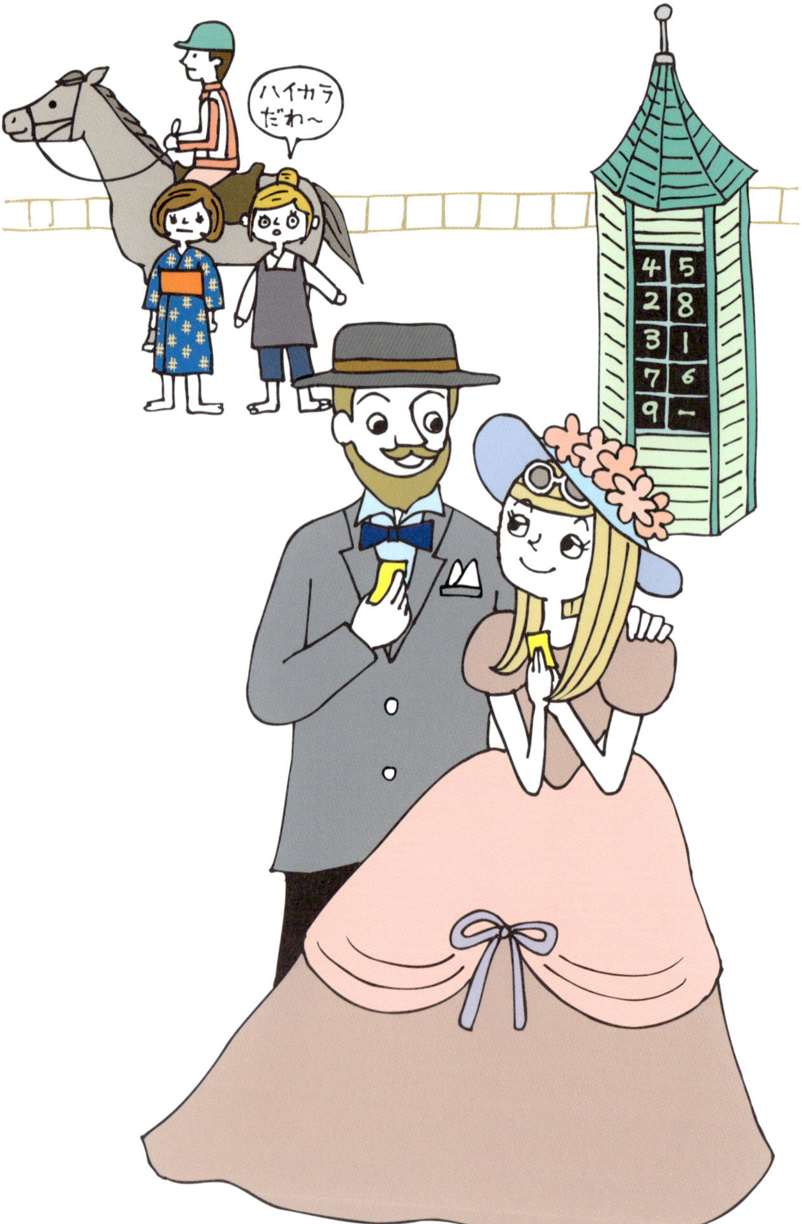
ハイカラ
だわ〜

競馬のことを知りたい

8. 日本の近代競馬のはじまり
　横浜に日本初の近代競馬場

　安政五年（1858）の日米修好通商条約によって開港された横浜には多くの外国人が居留するようになりました。彼らは休日になると母国にいたころと同じようにスポーツや娯楽を楽しみました。そのひとつが近代競馬でした。

　外国人の要望を受けて徳川幕府は横浜の根岸に日本で最初の本格的な近代競馬場をつくりました。それが根岸競馬場です。慶応二年（1866）に完成し、競馬が開催されました。

　明治十三年（1880）に「日本レースクラブ」が結成され、日本の近代競馬の中心的役割を果たしました。根岸競馬場は、諸外国の公使などや日本の政財界のトップたちが集う華やかな社交場としての役割も担っていました。

　日本人で初の馬主になったのは西郷隆盛の弟で海軍大臣などを歴任した西郷従道で、所有する＜ミカン号＞で日本人馬主最初の勝利を挙げました。

「各地の競馬場を巡る旅も楽しそう!」

- 帯広競馬場
- 札幌競馬場
- 門別競馬場
- 函館競馬場
- 盛岡競馬場
- 水沢競馬場
- 新潟競馬場
- 金沢競馬場
- 浦和競馬場
- 福島競馬場
- 京都競馬場
- 阪神競馬場
- 笠松競馬場
- 大井競馬場
- 東京競馬場
- 小倉競馬場
- 姫路競馬場
- 園田競馬場
- 船橋競馬場
- 高知競馬場
- 川崎競馬場
- 中山競馬場
- 中京競馬場
- 名古屋競馬場
- 佐賀競馬場

競馬のことを知りたい

9. レースはどこでやっているの?

　現在、日本の競馬には「中央競馬」と「地方競馬」があります。中央競馬は JRA日本中央競馬会が主催し、地方競馬は地方自治体が主催して地方競馬全国協会(NAR)が統括的な役割を担っています。さらに、名馬の誕生をめざして競走馬・サラブレッドの発展を支えている公益社団法人日本軽種馬協会(JBBA)があります。

　JRAの競馬場は全国に10ヶ所あり、レースは毎週土・日に開催されます。最大で全国3ヶ所の競馬場でレースは行われ、1日のレース数は各12回です。

　一方、地方競馬の競馬場は全国に15ヶ所ほどあります。中央競馬と開催日が重ならないように平日に開催することも多く、ナイターでの競馬も行われています。

● JRA 競馬場
① 札幌競馬場　⑥ 中山競馬場
② 函館競馬場　⑦ 中京競馬場
③ 福島競馬場　⑧ 京都競馬場
④ 新潟競馬場　⑨ 阪神競馬場
⑤ 東京競馬場　⑩ 小倉競馬場

● 地方競馬場
① 門別競馬場　⑨ 金沢競馬場
② 帯広競馬場　⑩ 笠松競馬場
③ 盛岡競馬場　⑪ 名古屋競馬場
④ 水沢競馬場　⑫ 園田競馬場
⑤ 浦和競馬場　⑬ 姫路競馬場
⑥ 船橋競馬場　⑭ 高知競馬場
⑦ 大井競馬場　⑮ 佐賀競馬場
⑧ 川崎競馬場

Lilly Column ❶ 馬事公苑（用賀）

公園で馬とふれあえる！

世田谷にあるJRA馬事公苑を散策してみよう！

- お弁当つくってきました♪
- ピクニックシート持ってきたよ！
- もちろんドリンクもバッチリ☆

ポニー広場
Square of ponys

- 毎週土・日は子供達がポニーに乗れるんだ〜
- 私も馬に乗りたーい！
- 月に1回はオトナも乗馬体験できるんだってよ。
- どーどー

※7〜8月は暑さによる馬の体調への影響を考慮し、「ポニー体験乗馬」は中止しています。

馬の走路があって
アリーナが2つあって
広い公園だな～
ん～
緑いっぱいで
気持ちいい～
ぬ～ん
立派な桜並木
があるから春も
きれいだろうな～
花見～♪

至る所に馬の
飾りがちりばめて
あって発見するのが
楽しい♪
馬に注意!

Lilly Column ❶ 馬事公苑(用賀)

流鏑馬(やぶさめ)

ドリームホースショー

母衣引(ほろひき)

秋分の日には、毎年"愛馬の日"というイベントがあり、伝統馬事芸能を堪能することができます。

馬術大会の選手達を眺めているのも楽しい♪ 若さが眩しい☆

ホットドック
たこ焼き
焼きおにぎり
ポークカレー
ソフトクリーム
売店にはいろんな軽食もあるのね♪
ゆっくり休めるね
TURFY SHOP

こんな都心で馬にふれあえて自然に囲まれた公園があったなんて知らなかった〜
次は花見に来たいねー

# Ⅱ.競馬場へ行こう

憧れのあの騎手や
馬サマを真近に見られて…

今、目が合ったわ！

サセッー❗

美味しいスイーツや
食事を楽しみながら
レース観戦ができて…

ワガママな女子が集ってそれぞれワガママ言い合っても
みんな満足できるってスゴイわよね⭐

競馬場へ行こう

1. 競馬場は1日楽しめるドリームパーク
「スポーツ&アミューズメントが楽しめます」

　競馬場といえば、なんだかギャンブルくさくて、オジサンだらけで、オシャレじゃないというイメージがあります。ところが、今やドリームパークとして進化した競馬場はそんなイメージを払拭しています。

　もともと競馬はオシャレなスポーツで、競馬場はセレブたちの社交場でした。そんなイメージを復興しようと、各競馬場ではスポーツ&アミューズメントを楽しめる施設を充実させています。新しいデートスポットとして、ファミリーで楽しむアミューズメントパークとして、女子会や仲間でワイワイ楽しむスポーツパークとして変身を続けているのです。

　楽しみ方はいろいろ。美しいサラブレッドを身近に眺めたり、迫力のある走りに興奮したり、指定席でちょっとセレブ気分を味わったり、カフェやレストランでグルメを楽しんだり、ショッピングでオリジナルグッズをゲットしたり、一日中楽しめるのです。もちろん、お目当ての競走馬に夢をのせてレース観戦にもチャレンジしてみましょう。きっとワクワクドキドキの楽しさを味わうことができます。

指定席でケイバ観戦なんて
まるで私達、王侯貴族みたい…

「オラオラーッ!!」
「サセーィッ!」

※テーブルの上に足を
　乗せないでください…。

競馬場へ行こう

2. 競馬場を楽しむポイント ①レース観戦
「セレブな気分で指定席、ライブ感を楽しむ一般席」

　全国10ヶ所にある JRAの競馬場では入場券（100円～200円）を買うと、競馬場の施設内で一日中楽しむことができます。レースはおもにゴール前のスタンドで観戦しますが、観戦席は無料の＜一般席＞と有料（300円～3,300円程度）の＜指定席＞があります。一般席ですとコースのすぐそばで観戦することができますから、臨場感あふれるレースシーンを体験することができます。ちょっとセレブな気分で、ゆったりと観戦したいときは指定席がおすすめです。

　指定席は各競馬場で異なりますが、たとえば東京競馬場のＡ指定席の場合、全席二人掛けの禁煙席（全席）になっています。各ペア席に１台ずつモニターが設置され、ゴール前での激しい追い比べを間近で観戦することができます。席を確保しておけば出入り自由ですから、競馬場内の他のアミューズメント施設で楽しむこともできます。指定席をベースに一日中競馬場を堪能してはいかがでしょうか。指定席には予約と当日券があります。人気のある席なので当日は早めに行って確保しておきましょう。

モンローウォークする
セクシーな馬の中から
どの馬にするか選ぶ…
なんてステキなの
ウットリ…

…。
こっちもあったら
いいのにね
Viva!妄想!

競馬場へ行こう

3. 競馬場を楽しむポイント ②パドック
「パドックは出走馬のお披露目の場所。
走る芸術・サラブレッドを間近で見ましょう」

　レース前に出走する馬が厩務員にひかれて周回し、観客にお披露目する場所を「パドック」といいます。観客は馬の状態や調子をチェックすることができます。人間の創った最高の芸術といわれるサラブレッドを間近に見ると迫力満点です。レースに出走する馬たちも、ハレの舞台を前に興奮気味で、あたかもファッションショーのモデルのように美しく整えられた馬体を誇らしげに見せてくれます。

　しかしながらパドックは競走馬の美しい馬体にうっとりするためだけにあるのではありません。本来の目的は、出走前の調子を間近にチェックするためにあるのです。ですから、観ている人も真剣です。首の動かし具合から足の運び、筋肉のつきかたなど馬の状態を目をこらしながらチェックしています。

　そうはいっても、ビギナーにはそこまではわかりづらいもの。やっぱり馬の美しさにうっとりするのが得策です。

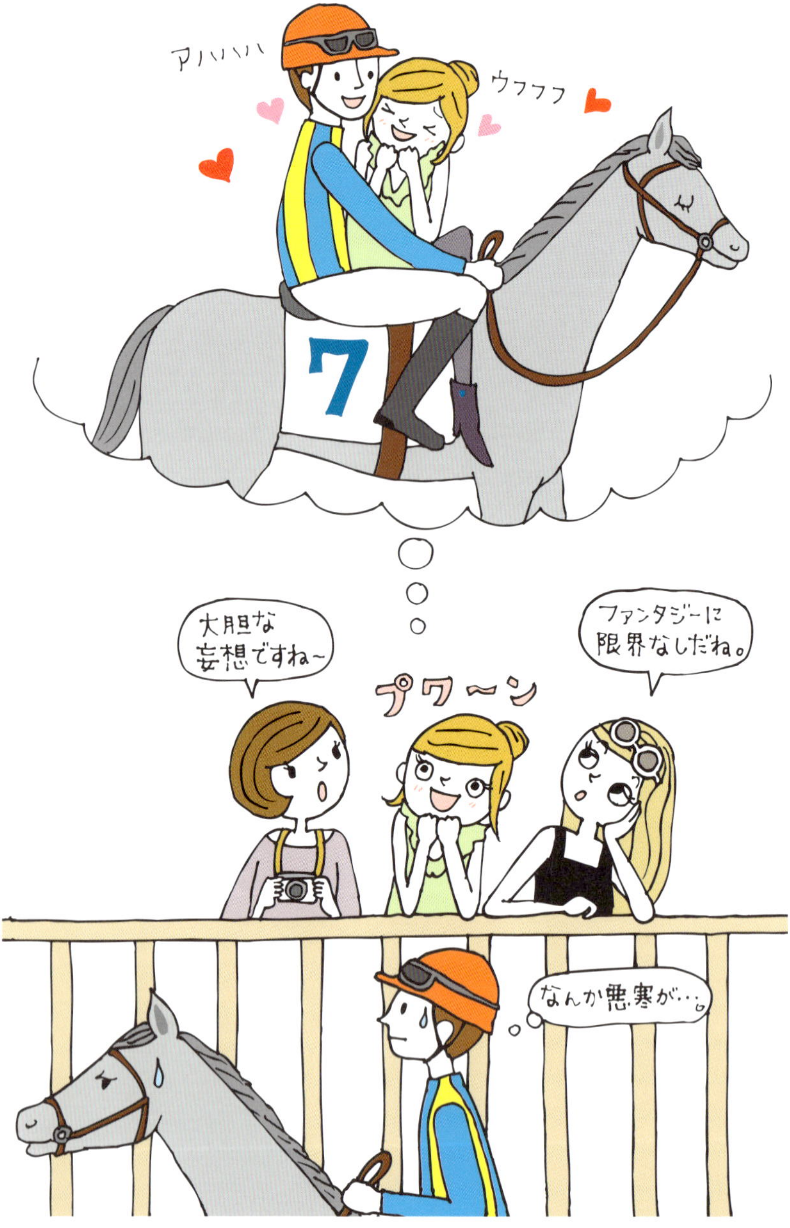
アハハハ
ウフフフ
大胆な
妄想ですね～
プワ～ン
ファンタジーに
限界なしだね。
なんか悪寒が…

競馬場へ行こう

4. 競馬場を楽しむポイント ③パドック
「イケメン騎手もチェック」

　本馬場に向かう前には、騎手（ジョッキー）が乗ってパドックをひと回りします。騎手の凛々しい姿もチェックしておきたいですね。騎手は国家資格で、ライセンスを得るためには想像以上の苛酷な訓練をのりこえなければなりません。さらにレースはとても危険性をともないますから、パドックで見る騎手の姿は真剣そのものです。最近ではイケメン騎手などとよばれる若い騎手が増えてきて、女性に大人気になっています。競馬の予想はよくわからないけど、ステキなイケメン騎手に勝って欲しいと思うのはファンとしてはあたりまえ。パドックでイケメン騎手をチェックして、しっかり応援を楽しみましょう。

　レースに出場する騎手はとてもカラフルな色のウエアを着ています。このウエアを「勝負服」といいます。中央競馬（JRA）では馬主ごとに服の色が決められています。騎手のかぶる帽子はレースの枠番号で決められていて、レース観戦のときに馬番号が見えづらいときなど、帽子の色でどの位置で走っているかを知ることができます。

※ 事前に騎手をチェックするならp95のJRAホームページの騎手データなどで閲覧できます。

いいですね〜♪
芝生に寝ころんでケイバ観戦も気持ちよさそうねー
なんだか ここは私達には眩し過ぎるから。もう少し暗い所が落ちつくわよ‥
あらダメ？寝ころんでビールとか‥
なんか言いたいことわかります。特に私以外の2人は…。

競馬場へ行こう

5. 競馬場を楽しむポイント④ アミューズメント
「競馬場を目一杯楽もう」

　JRAの競馬場には一日中楽しく過ごせるアミューズメント・スポットがたくさん用意されています。

　ファミリーでのんびり楽しみたいのならコース内側の広い芝生エリアでお弁当を広げるのも好いでしょう。このエリアには子供たちが楽しめるアトラクションがたくさんあります。

　カップルで楽しむならスタンドの指定席がいいかもしれません。それに散策エリア、カフェ＆グルメエリアなど楽しめる場所はいっぱいあります。

　女子会などのグループだったら、一般席でワイワイ騒いで、カフェ＆グルメエリア、乗馬体験などで盛り上がってみてはいかがでしょうか。

　さらには、オリジナルのグッズが揃っているショップでお買い物など、とにかく競馬場はスポーツ・パークでもあり、アミューズメント・パークでもあるのです。

Lilly Column ❷ 東京競馬場

馬ガールズ、東京競馬場に行ってきました!!

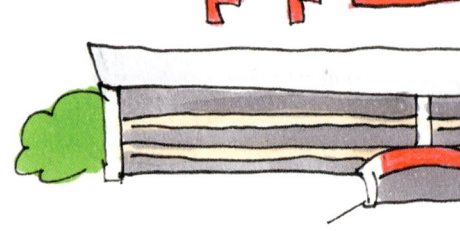

ドドー

あまりに広大過ぎて全景は描けない…

TICK

TOKYO RACE COURSE
GO!!
10000

はい〜チケットゲット記念写真♪

京王線府中競馬正門前駅から入口まで直結しているので雨の日もぬれる心配もなく入場できる。

46

入場門で入場券200円を購入すれば夢のミラクル馬ワールドに入場できる♪

Tokyo RACE COURSE

キレイ過ぎ〜
ヨーロッパみたい!

あの名店レストランも入ってる!

WOW〜
リッチなホテルに来たみたい!

MAP

細部にも馬の飾りが施されてるのがまたニクイ〜!

ポヌポール

オリジナル
ウーロン茶
駿馬茶
とか…

🍋 Lilly Column ❷ 東京競馬場

なんて壮大なスケールなんでしょう！
解放感と興奮のルツボ。

ヒャッホー♥♥
やっぱりナマはいいっ〜！

今回はB指定席を購入。マイプレイスを確保できるので
ビールやお菓子を持ちこんで、レース観戦しながら
寛ろげた。指定席1500円は価値あり♪

イケェー！

ん〜
さいこー♥

賭け方も十人十色。けっこう隠されていた本性が賭け方で見えたりする。

「私は運試しに1番キレイな馬に100円だけ賭ける！」
← ノンギャンブルタイプ

「今日はあのイケメン騎手1本狙い！Simple is the 単勝！！」
← all or nothing タイプ

「ケイバは統計学よ。オッズと過去の記録を分析し手堅く狙う！あらゆる可能性を探るのよ！！」
← 研究家タイプ

HORSE PREVIEW
ホース プレビュー

レース後、ホースプレビューに行くと、走ってきた騎手と馬さま達をガラス越しに見れる。

「ズームでお顔アップ♡」

「1984年生まれ 福島出身。1614戦60勝ですって！」

「いや〜ん♡また イケメン君発見♡」

Lilly Column ❷ 東京競馬場

やはりパドックでお馬さまを至近距離で見るべし♥

「Oh！馬さまお美しい〜！」

「あ！ウンチした！」

「私は場内探険して撮影できれば満足♥」

「おっ！この馬イイ！」

「先導してる彼もイケメン♡」

「三つ編みしてる！アップで激写!!」

50

そして、やはり馬券を買って勝負！

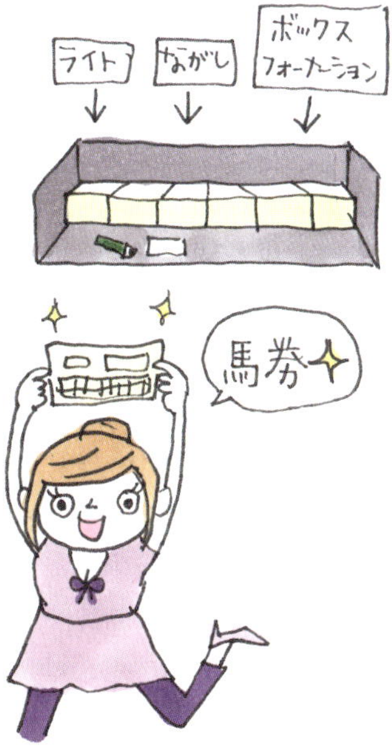

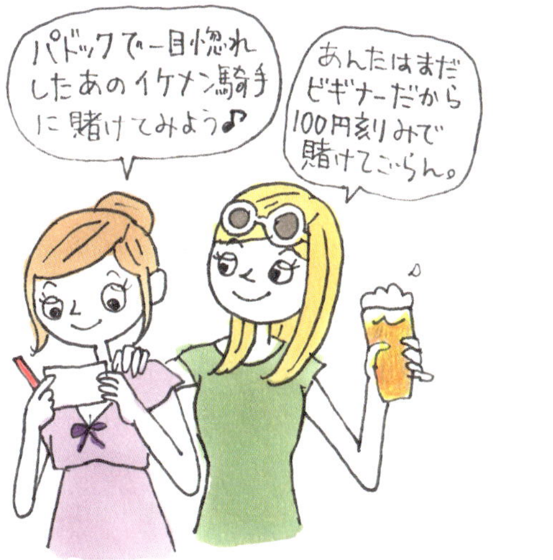

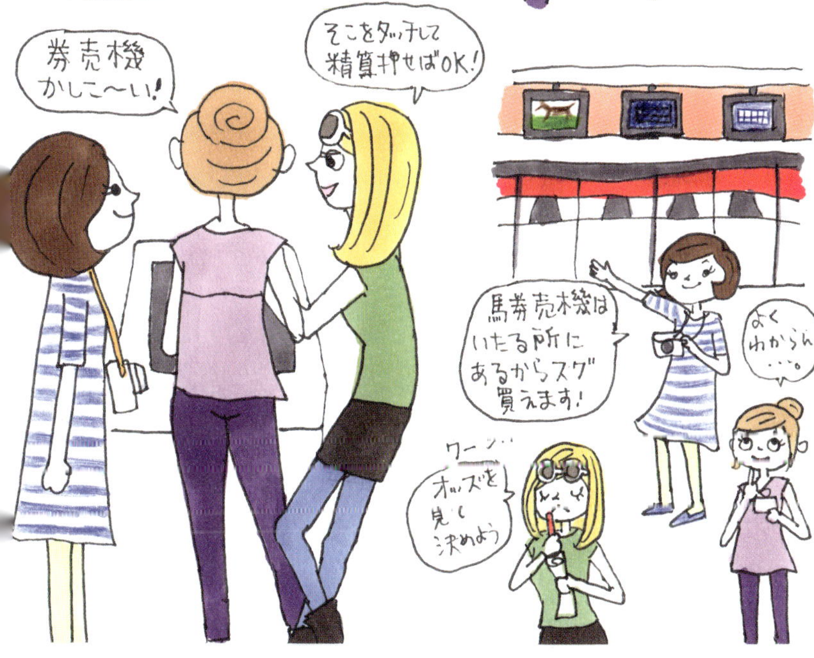

Lilly Column ❷ 東京競馬場

ファーストフードから名店レストランまでグルメも大充実。ビールもコーヒーも気軽に買える♪♫

今日ナイスショットがたくさん撮れた〜♪

ターフィーショップでオリジナル商品もget!

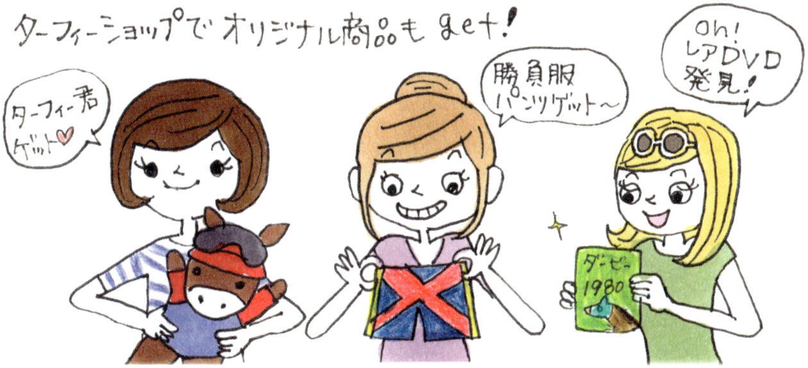

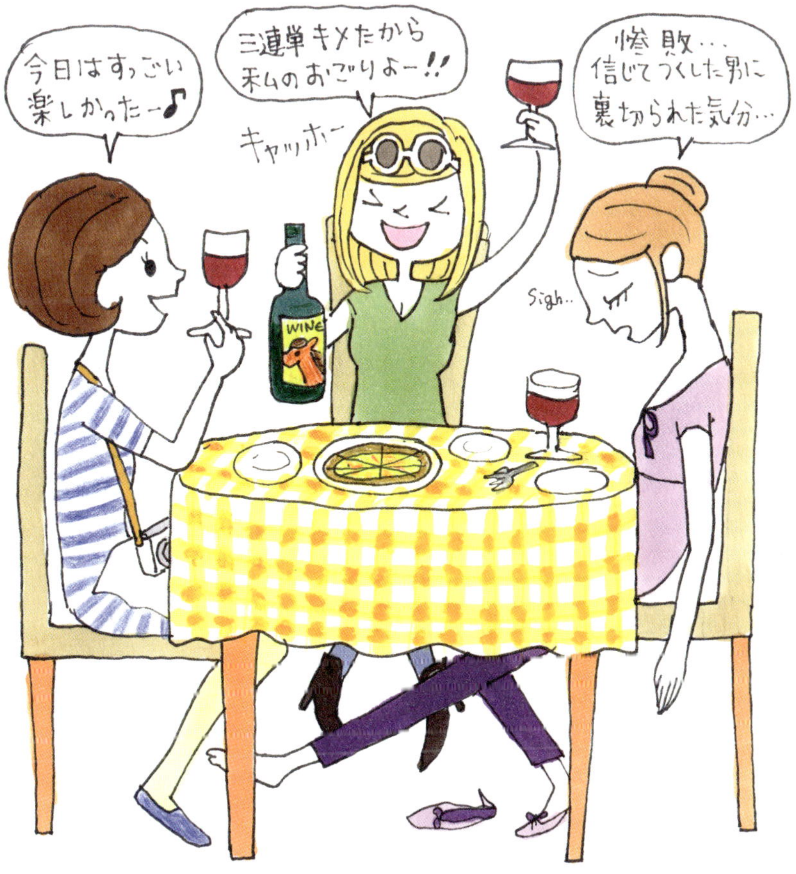

Ⅲ.さあ 走る夢を体験してみよう

> サラブレッドは走る芸術ね！

> うわあ〜かっこいい〜!!

> 鳥肌〜!!

ただひたすら感動!!

さあ、走る夢を体験してみよう
（ルールが分かれば楽しさ倍増）

1.レースを楽しむポイント①
競馬ってどんなスポーツなの？

　競馬は、競走馬（＝サラブレッド）が競馬場の定められたコースを走り着順を競い、どの馬が優勝するかを当てるレース・スポーツです。

　各競走馬はスタート地点にあるゲートに入り、ゲートが開くといっせいにスタートします。レースの距離はいくつかあり、スタート位置によって距離を調整します。したがってどのレースもゴール地点は一緒です。

　サラブレッドの体重はおよそ400〜500kgぐらい。その大きな馬が時速60km以上のスピードで競走するのですから、迫力満点です。しかも人間の創り出した最高の芸術といわれる美しいサラブレッドが走る姿は優雅で、観ている人を魅了します。そういうところに、競馬こそ＜キング・オブ・スポーツ＞と昔からいわれる理由があるのです。

過去の男たちを
クラス分けしてみると…

年収 OK
年齢 OK
容姿 NG
G2

年収 NG
年齢 OK
容姿 NG
G3

年収 NG
年齢 NG
容姿 NG
G3 以下！
ゲッ！

私の歴史に
G1 選手が
1人も存在してない!!

イテテ..

Perfect
G1
サラブレット！

さあ、走る夢を体験してみよう
(ルールが分かれば楽しさ倍増)

2. レースを楽しむポイント②
レースの種類

　レースは競走馬の年齢や獲得賞金額によってクラス分けされています。クラスはピラミッドのカタチのようになっていて、そのトップクラスに位置するのがグレードレースというクラスです。1984年(昭和59)に制定されたグレードレースは G1、G2、G3という重賞レースにクラス分けされています。

　そのなかでも競馬レースの頂点にあるのが G1レースで、すべての競走馬は G1レースで勝利することを目標にしています。したがって、G1に出走する競走馬は新馬・未勝利馬から G3、G2などのさまざまなレースから勝ち抜いてきた最強の馬たちなのです。

　レースは毎週土日に開催されるのが基本で、1日のレースは12回あります。コースの地面は、ターフ(芝)とダート(砂)の2種類があり、レースによってどちらのコースを走るかが決まっています。

オッズが高い馬ほど人気がないってわけね。でも人気のない馬が勝てば配当金がデカイと…。フムフム

要するに、私に賭ける男はハイリスク＆ハイリターン…みたいな？
フフッ（自虐笑）

さあ、走る夢を体験してみよう
（ルールが分かれば楽しさ倍増）

3. レースを楽しむポイント③
予想を立てる～オッズ

　レースの馬券の払戻金の倍率を示したものを「オッズ」といい、馬の人気を計るバロメーターです。一般に人気の高い馬（＝オッズの低い馬）は払戻金が低くなります。つまり優勝候補の馬券が当たったとしても少ない配当金しか得られません。基本的に馬券が当たった配当金は、はずれた馬券の購入代金で成り立っていますので、購入者が多くなる優勝候補の馬（＝オッズの低い馬）が勝つと配当金は少なくなるのです。逆に人気の低い馬（＝オッズの高い馬）が優勝した場合の配当金は多くなります。

　少ない配当金でも確実性を求めて人気馬を選ぶ、ちょっと冒険してオッズの高い馬に夢をかけてみるなど、自分の予想を立ててレースを楽しむと、もっともっとレースが楽しくなります。オッズは馬券の販売が終了するまで変動しています。あまり早く予想して馬券を買ってしまうと、思っていた配当と違ってきますので注意が必要です。

競馬新聞って オヤジくさくて 持ち歩きたくない ですよねー。
女性向けのオシャレなデザインのがあればいいのにね。
サセッー！
…でも なぜか 彼女が持ってると カッコよく見えるのよね
ふしぎ〜
カリスマ オヤジギャルの 風格だわねー

さあ、走る夢を体験してみよう
（ルールが分かれば楽しさ倍増）

4.レースを楽しむポイント④
予想を立てる〜馬柱

　オジサンが競馬新聞を広げて目を皿のようにしている風景はなんともオシャレとはいいがたいのですが、それほど競馬新聞には予想を立てるヒントが詰まっているということでもあるのです。競馬新聞には出走馬のプロフィールから過去の成績、レースの特徴など情報がぎっしり載っています。読み方もそれほど難しくないので、ビギナーの場合、基本的なことだけでも分かれば予想にきっと役立ちます。なかでもプロフィール欄と競馬記者の予想欄、前走成績欄の見方は知っておくと役立ちます。

①プロフィール欄
競馬は血統のスポーツといわれるぐらい血統が大切。この欄では、父馬と母馬、収得賞金額、得意な走り方など出走馬のプロフィールが記されています。
②競馬記者の予想欄
競馬予想プロの専門記者の予想がわかりやすく表示されている欄です。印がいっぱいついている馬は人気のある馬です。中でも◎がついている馬は有力馬です。予想の参考にしましょう。
※印の意味
◎本命：もっとも勝つ確率が高いと思う馬です。
○対抗：本命に対抗できると思う馬です。
▲単穴：3番目に注目したい馬です。
△連下：2着の可能性が高いと思う馬です。
③前走成績欄
前回のレース内容が一目でわかる重要なデータ欄です。前走はいちばん最近のレースのことで、成績欄にはそのレースの種類、距離、着順など予想につながるデータがぎっしりでています。

※ もっと知りたい方は p94の JRAビギナーズクラブ・ホームページを参照してみてください。

シャッター
チャーンス♥
キャー♥
たくましい足が
タマラナイッ♥
短距離向き
の馬ね〜
ブリンカー→

シャッター
タイム♪
あ〜ん♥
シャープで長い足が
セクシー♥
馬にも節操が
ないわね、アンタ‥
メンコ→
シャドー
ロール→

さあ、走る夢を体験してみよう
（ルールが分かれば楽しさ倍増）

5. レースを楽しむポイント⑤
予想を立てる〜パドック

　馬の状態や調子をチェックするポイントはたくさんありますが、ビギナー向きの基本チェックポイントをいくつか紹介しましょう。

１．体型を見る

　競走馬も人間と同じように短距離向きと長距離向きの馬がいます。一般的に、短距離向きな馬は胴が短く、脚は太く短めでがっしりした雰囲気があります。一方、長距離向きの馬は胴が長く、脚はスマートで華奢な雰囲気があります。レースの距離によって判断材料のひとつにしましょう。

２．調子を見る

　首をグイグイ動かしながらリズミカルに歩く馬は元気いっぱいで、気合いが入っています。汗びっしょりでキョロキョロ落ち着かない馬はイマイチかも。

３．馬具から性格をみる

　馬のなかには顔に馬具をつけているのを見かけます。そこから馬の性格を推測しましょう。

◎目の周りにカップ状のブリンカーをつけるのは、前方しか見えないようにし、周囲を気にする臆病な馬をレースに集中させるためです。

◎眼の下にボア状のシャドーロールをつけるのは、芝の切れ目やモノの影などを気にする馬に脚もとを見えないようにし、馬をレースに集中させるためです。

◎顔に付けた覆面のことをメンコといいます。耳まで覆ったものが主流ですが、これは音に敏感な馬や砂をかぶるのを嫌がる馬をレースに集中させるためのものです。あとは、自分の直感を信じてレースを体験してみましょう。

枠番号
帽子の色分け

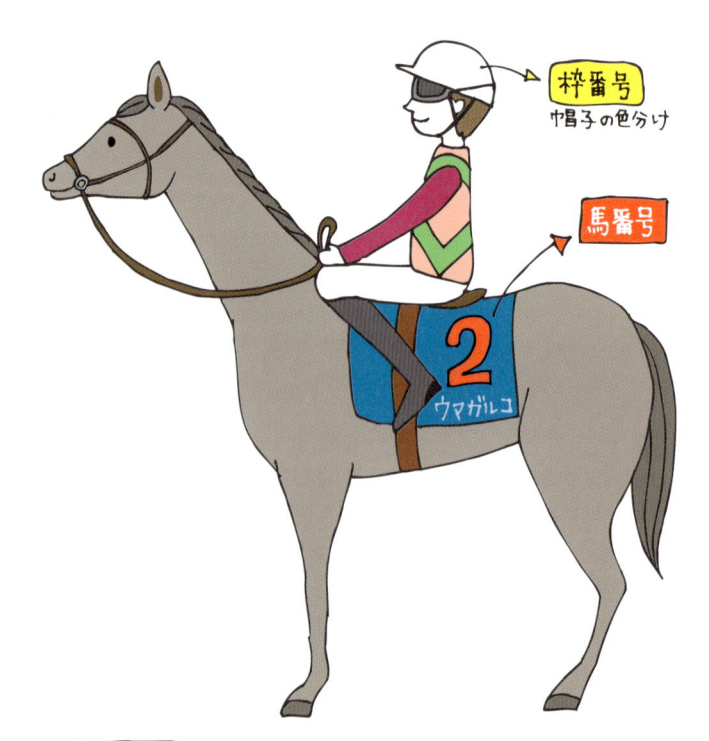

馬番号

馬番号と枠番号を
おさえておけば
まずは なんとか
なるわね。

枠番	馬番	馬名	勝負服
1 (White)	1	カラメジョーシ	
	2	ウマガルコ	
2 (Black)	3	グルメスッキー	
	4	リリービューティ	
3 (Blue)	5	キタジャッキー	
	6	コレデキマリヲ	
	7	ステチャンリキ	

さあ、走る夢を体験してみよう
（ルールが分かれば楽しさ倍増）

6. レースを楽しむポイント⑥ 馬券の買い方
「馬券は馬番号と枠番号で購入します」

　レースをより楽しむためにはやっぱり馬券を買いたいものです。馬券は競馬場で買うことができます（競馬場以外でもウインズ（場外馬券売り場）やネット、電話で購入する方法があります）。

　馬券は全部で8種類あります。後ほど紹介しますが、その前にまず「馬番号」と「枠番号」を知っておきましょう。馬券は馬番号と枠番号で購入するからです。

　「馬番号」は、出走馬1頭ずつに付けられた番号のことです（馬が付けているゼッケンが馬番号）。

　「枠番号」は、1枠から8枠までで、出走馬の数によって1つの枠に複数の馬が入ります。枠番号は、騎手のかぶる帽子の色でわかるようになっています。

　馬券はマークシート用紙の「マークカード」を使って購入します。マークカードは緑・青・赤の3種類がありますが、ビギナーには緑のカードがおすすめです。

　それでは次に8種類の馬券について紹介します。

※購入の方法やマークカードの記入方法がよくわからないときは、各競馬場にある「ビギナーズコーナー」に行ってみましょう。事前に知りたい場合は、p94のJRAビギナーズクラブ・ホームページを参照してみてください。

私の愛は
いつも単勝。
本命1筋、
浮気心なし!
感激!
愛
単勝

も…もちろん疑うわけ
ではないけど、人生
保険も必要かも?
やっぱ複勝にしとこう‥
3着
以内の愛
複勝
ザッ

さあ、走る夢を体験してみよう
（ルールが分かれば楽しさ倍増）

7. レースを楽しむポイント⑦ 馬券の種類 A-馬を1頭選ぶ
「馬を一頭選ぶ馬券は２つあります」

①単勝（たんしょう）

　1着になる馬を当てる馬券です。８つの馬券のうち、いちばんわかりやすくビギナー向けともいえます。

※出走する馬が2頭以上の場合で発売されます。

②複勝（ふくしょう）

　1着〜3着までに入る馬を当てる馬券です。８つの馬券のうち、いちばん当てやすい馬券ですが、その分配当金も少なくなります。これもビギナー向けの馬券といえるでしょう。出走する馬が7頭以下の場合は、2着までが当たりです。

※出走する馬が5頭以上の場合で発売されます。

(例)　　1着　2着

馬連　　4 - 6　← どっちが1着か2着かは関係なく
　　　　6 - 4　← この2頭が1-2着であればOK!

馬単　　4 ▶ 6　　4が1着、6が2着ならOK!

ワイド　4 - 6 - 1
　　　　6 - 4 - 3
　　　　1 - 4 - 6
　　　　5 - 6 - 4
　　　　4 - 2 - 6
　　　　6 - 7 - 4

とにかく3着以内に4と6の馬が入っていればOKね!

さあ、走る夢を体験してみよう
（ルールが分かれば楽しさ倍増）

8. 馬券の種類 B-馬を2頭選ぶ

③馬連（うまれん）
　1着と2着になる馬の馬番号の組み合わせを当てる馬券です。1着と2着の着順は関係なく、組み合わせが当たっていればOK。組み合わせのなかではわかりやすい馬券です。
※ 出走する馬が3頭以上の場合で発売されます。

④馬単（うまたん）
　1着と2着になる馬の馬番号の組み合わせを着順どおりに当てる馬券です。「③馬連」と同じように選んだ2頭が1着・2着になればよいのですが、この馬券は着順どおりでないと当たりになりません。
※ 出走する馬が3頭以上の場合で発売されます。

⑤ワイド
　1着から3着までに入る2頭の馬の馬番号の組み合わせを当てる馬券です。1着・2着・3着の着順は関係なく、組み合わせが当たっていればOK。組み合わせ馬券のなかでももっとも当たる確率の高い馬券といわれています。※出走する馬が４頭以上の場合で発売されます。

Oh
1着
My
2着
God!
3着
5
1
7

イエ〜イ!
Oh My Goooooood!
3連複
My Oh God
1 5 7
…300円
※1・2・3着順は関係なし
3連単
Oh My God!
5 1 7
…1,000円
※1・2・3着順通りに当てる

9. 馬券の種類 C-馬を3頭選ぶ

⑥ 3連複(さんれんぷく)

　1着から3着までに入る3頭の馬の馬番号の組み合わせを当てる馬券です。1着・2着・3着の着順は関係なく、組み合わせが当たっていればOK。
※出走する馬が4頭以上の場合で発売されます。

⑦ 3連単(さんれんたん)

　1着から3着までに入る3頭の馬の馬番号の組み合わせを着順どおり当てる馬券です。「⑥3連複」と同じように選んだ3頭が1着・2着・3着になればよいのですが、この馬券は着順どおりでないと当たりになりません。8つの馬券のなかでいちばん予想がむずかしい馬券といわれています。
※出走する馬が4頭以上の場合で発売されます。

「私は枠にはまりたくない人間なの。1人の男に束縛されたり平凡で平均的な人生を送りたくないのっ！」

「またフラれたのね… よしよし。」

「えっ〜と‥その枠の話じゃなくて枠連‥」

さあ、走る夢を体験してみよう
（ルールが分かれば楽しさ倍増）

10. 馬券の種類 D-枠番号で選ぶ

　1着と2着になる馬の枠番号の組み合わせを当てる馬券です。1着と2着の着順は関係なく、組み合わせが当たっていればOK。組み合わせのなかではわかりやすい馬券です。
※ 出走する馬が9頭以上の場合で発売されます。

感動のあまり
涙でフィルターが
ボヤけてしまいます！
競馬も音楽やビール
絵画やダーリンも
やっぱりナマが
1番よね！！
イケイケーッ！
ギャー！！！

さあ、走る夢を体験してみよう
（ルールが分かれば楽しさ倍増）

11. レースを楽しむポイント⑧
レース観戦で熱くなる

　実際に競馬場に行ってみてレースを観戦するのと、テレビやインターネットなどで観るのとは、臨場感がちがいます。

　競馬場ではレース前の緊張感からレースを告げるファンファーレ、ゲートが開いて一斉に馬が走り出す勢い、走っている馬の躍動感や足音、そしてゴール瞬間の観客の声援やどよめきなどを体感できます。自分の応援する馬が必死で走っている姿に思わずぎんぎんに熱くなるでしょう。

　それは馬券を買わなくても観るだけで楽しめますし、買えばより熱くなります。

　「百聞は一見にしかず」
ぜひライブで競馬を観戦してみましょう。

Ⅳ.まだまだあるよ、競馬の楽しみ方

Lilly Column ❸ 旅ケイバ

旅のついでにケイバする？
ケイバのついでに旅をする？
馬をめぐる冒険ツアー〜★

北海道なら観光も牧場も競馬場にグルメも全部そろってるよね〜♪

牧場のある土地には、大自然や美しい景色が必ずあるわよね！

日本各地の競馬場を旅するのって楽しいよ！
その土地のB級グルメと競馬を楽しむ旅なんてワクワクする〜♪

オシリもキレイ…
Hello
キレイ…
あの名馬を真近で見れる
牧場の旅とか…。

地方競馬場
めぐりでグルメも堪能…。
この地でしか飲めないお酒とケイバ♥
しあわせ～
しみじみ…
渋くていいですね～
がんばろう
東北

旅に温泉はかかせないわよね～
極楽～♪
えっ!?

ビバノンノン♫

Lilly Column ④ グルメケイバ

地方競馬場 B級グルメ MAP

どやねん！

どれを食べようかな♪

すでにエクスタシー！

佐賀競馬場

練りもの、串ものを鉄板で焼いてくれます！美味！！

なんでも焼く店

ちゃんぽん

ビールとよく合うんだこれが!!

園田競馬場

ホルモン焼き

かす汁

姫路競馬場

特観席内の名店！

カレーライス

高知競馬場

たこ天

かつめし

アイスクリン

ばんえい競馬場（帯広）

ジンギスカン！

つぶ串

門別競馬場

カレーラーメン

豚丼

じゃじゃ麺

ジャンボ焼き鳥

盛岡競馬場

このテリをシャッターにおさめねば！

水沢競馬場

味噌おでん

握り寿司

目玉ペア

すいとん

ホルモン煮

イカ焼き

金沢競馬場

チキンカツ

きゅうり

笠松競馬場

Good!

焼きそば

浦和競馬場

川崎競馬場

船橋競馬場

コロッケ

もつ焼き

名古屋競馬場

HPやパンフレットで所属騎手が紹介してます。

ハゼ天そば

大井競馬場

味噌串カツ どてメシ

牛すじ

コラーゲンたっぷり！

大判焼き

83

馬ガール
フォトギャラリー
ウマのタテガミは美
GOAL
また負けた馬ガール
憧れの騎手 ベストショット
ケイバ場や牧場めぐりなど、馬に関わる写真を集めた私の作品です。
祝 馬ガール様

オヤジ顔負けの声援！

オシリのツーショット

馬めぐりの旅

馬ガール初万馬券✨

あ〜また馬めぐりの旅に行きたい〜

あはは！サイコー！！

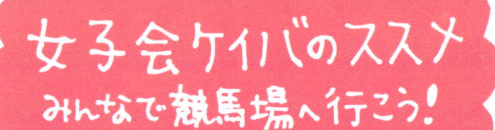

Lilly Column ❺ 女子会ケイバ

女子会ケイバのススメ
みんなで競馬場へ行こう！

芝生の上でおいしい
モノを持ちよって
ピクニック at 競馬場

広大なトラックで開放感を大満喫!
イキヌキ at 競馬場

勝組と負け組の宴
クィーン or 下女 at 競馬場

Lilly Column ⑦ ファッション・ケイバ

馬ガール ファッションチェック

チェキラ★

馬ガールベーシックファッション

- お気に入りの騎手を意識して少しだけ露出度UP♥
- 騎手が遠くからでも見つけてくれるようにビビッドカラー✨
- いつでも賭けれるよう馬券はつねに持ち歩く。（競馬場内で）
- 騎手や馬のアップを見るにはマストなオペラグラス
- 競馬場でも女性らしさを忘れないミニスカート。
- カラーストッキングで個性的に
- ヒールは低すぎず高すぎずが基本。

オヤジ馬ガールファッション

競馬場ってどんなファッションで行けばいい？
のご質問にお答えします。

- 日射しよけや顔を隠すのに便利
- 赤ペンはマスト
- 競馬新聞を小粋に持つのがポイント
- ビールはこだわりの外国産
- 下着はもちろんタフィーショップで買った勝負パンツ！
- 観戦中、興奮して足を上げてもOKなジーンズ
- パドックで人より背が高いと便利なハイヒール

カメラガールファッション

- ストラップは1点もののハンドメイド
- 腕が動かしやすいふんわり袖
- ベルトポーチには、常に予備の乾電池
- 馬ウケのいいナチュラルカラー
- しゃがんでも下着が見えない丈のスカート
- 小回りのきくペタンコシューズ

競走馬のふるさと北海道・牧場への旅

※ 牧場見学のルールとマナーを守りましょう。

オーイッ!

牧場のきゅう舎や放牧地は無断立入禁止です。

危険ですから馬にさわらないでください。もちろんキスもNGよ❤

絶対に食べ物を与えないでください。

牧場見学ご希望の方はP94の「競走馬のふるさと案内所」のホームページをご覧ください。

大きな音や声を
出さないでください。
携帯電話はOFF!
牧場によって見学時期や
時間が異なります。
うま〜
牧場見学は
競走馬の
ふるさと案内所
にお問い合
わせください。
競走馬の
ふるさと案内所
牧場内は禁煙!
ゴミも持ち帰って。
こっち向いて〜
カメラのフラッシュ
の使用はダメ!
わあ〜い
牧場では
必ず牧場
の指示に
従ってください。

「わたしは馬ガール」を AR で楽しみませんか？

上のイラストをカメラでスキャンするだけで、「わたしは馬ガール」の動画やとっておきの情報が楽しめます。Apple ストア (iphone) や Play ストア (Andorid) で "COCOAR" と入力して、アプリを検索してアプリを無料ダウンロード（ マークをインストール）してください。あとはアプリを起動させて指定の画像をカメラでスキャンすれば AR の世界が体験できます。

競馬、競走馬の情報を、もっともっと知りたい

●競走馬のふるさと案内所
全国に 6 ヶ所ある「競走馬のふるさと案内所」は、馬産地を訪れる方のためにさまざまな情報サービスを提供しています。とくに牧場見学は通常の観光とちがって見学するためのマナー・ルールがありますので、訪れる前にホームページをご覧ください。
http://uma-furusato.com/

●JRA ビギナーズクラブ
初心者にわかりやすく競馬のやり方を教えてくれるビギナー向け競馬サポート情報が詰まったホームページです。「ケイバのイロハ」「ケイバおでかけガイド」「目指せ！ケイバ博士」「G1 はスゴイ！」など、いろいろなコンテンツでビギナーをサポートしてくれます。
http://www.jra.go.jp/beginner/

●競馬女子部
国内最大級の競馬情報データベースの JBIS Search（ジェイビス・サーチ）と競走馬のふるさと案内所のコラボ企画で誕生した「競馬女子部」。競馬が大好きな馬ガールたちがリレー形式でブログを更新しています。
http://girls.jbis.or.jp/

●馬事公苑
東京都世田谷区上用賀にある馬事公苑は人と馬が出会える場所。馬事公苑は人馬の馬術訓練、馬術競技会の開催、馬事に関する知識の向上などを目的として昭和 15 年に開苑されました。多くの人に馬になれ親しんでもらい、馬や競馬への理解を深めてもらうために、馬事公苑ではさまざまな馬事普及業務を行っています。愛馬の日、ホースショー、馬に親しむ日、平日のふれあいコーナーなど馬と直接ふれあえる催し物を実施しているだけでなく、ほぼ毎週末には馬術競技会も開催されています。
http://www.jra.go.jp/bajikouen/

競馬や競走馬のことをもっと知りたい方にとても役立つ web サイトを紹介します

●馬と競馬の文化施設のサイト

馬と人との交流によって生まれた様々な文物を、常設展示やテーマ展示で自然史・歴史・民俗・美術工芸・競馬などの幅広い分野にわたって紹介する横浜にある「馬の博物館」。JRA 東京競馬場にある「JRA 競馬博物館」は来館者が楽しく見たり体験できるミュージアム。競馬開催日も平日も、各種展示や大型ビジョン、競馬関連書籍や各種端末などで様々な競馬文化を発信している「Gate J」などの情報が満載のサイトです。
http://www.bajibunka.jrao.ne.jp/

●JBIS-Search（ジェイビス・サーチ）

国内最大級の競馬情報データベース。競馬の魅力、競走馬の魅力を切り取った写真を配信している「フォトギャラリー」など、ビギナーにとっても楽しい記事が満載です。
http://www.jbis.or.jp/

●JRA（日本中央競馬会）
http://www.jra.go.jp/
●JBBA（公益社団法人 日本軽種馬協会）
http://jbba.jp
●NAR（地方競馬全国協会）
http://www.keiba.go.jp/

「馬ガール」web サイト開設のお知らせ

「馬ガール」の公式 HP が開設されました。馬が大好き、競馬も興味シンシンという女子のためのサイトです。サラブレッドのことから、競馬のこと、ファッション、牧場ツアーなどコンテンツもどんどん充実してゆきます。ぜひ一緒に、あなたもオシャレな馬ガールになりましょう。
http://www.umagirl.com

馬ガール選書シリーズ①

わたしは馬ガール
女子が楽しむオシャレな競馬 AtoZ

2013年7月31日　第一刷発行

イラスト
Lilly
編集人
北崎二郎
発行人
志原篤司
協力
競走馬のふるさと案内所
Special Thanks
有限会社 アップ・フィールド
発行元
日本馬ガール協会
発売元
株式会社 グリーンキャット
〒162-0814 東京都新宿区新小川町 5-5 サンケンビル
TEL.(03)-3235-2547　FAX.(03)-3267-9734
URL:http//www.greencat.co.jp
印刷所
株式会社 平河工業社

乱丁本・落丁本はお取り替えいたします。無断で本書の全体または一部の複写・複製を禁じます。定価はカバーに表示しています。
All rights reserved.
No part of the contents of this book may be reproduced without the written permission of the publisher.
©2013 GREENCAT CO.,LTD　Printed in Japan　ISBN978-4-904559-07-9